H. OMONT

ATHÈNES AU XVIIᵉ SIÈCLE

RELATION DU P. ROBERT DE DREUX

LETTRES DE JACOB SPON ET DU P. BABIN

EXTRAIT DE LA *REVUE DES ÉTUDES GRECQUES*
Nᵒ 58. — ANNÉE 1901

PARIS
ERNEST LEROUX, ÉDITEUR
28, RUE BONAPARTE

1901

H. OMONT

ATHÈNES AU XVIIᵉ SIÈCLE

RELATION DU P. ROBERT DE DREUX

LETTRES DE JACOB SPON ET DU P. BABIN

EXTRAIT DE LA *REVUE DES ÉTUDES GRECQUES*
Nº 58. — ANNÉE 1901

PARIS
ERNEST LEROUX, ÉDITEUR
28, RUE BONAPARTE

1901

ATHÈNES AU XVIIᵉ SIÈCLE

RELATION DU P. ROBERT DE DREUX
LETTRES DE JACOB SPON ET DU P. BABIN
(1669-1680)

I

RELATION DU P. ROBERT DE DREUX

La description inédite des antiquités d'Athènes publiée plus loin est due à un capucin qui faisait partie, comme aumônier, de la suite de M. de La Haye-Vantelet, nommé depuis 1661 ambassadeur du roi de France auprès de la Porte et dont la guerre entre l'Empereur et le Grand Seigneur avait retardé le départ. Ayant enfin reçu en 1665 l'ordre de rejoindre son poste, l'ambassadeur s'embarqua le 29 octobre et arriva à Constantinople le 1ᵉʳ décembre de la même année, avec mission d'obtenir le renouvellement des Capitulations. Mais les négociations traînèrent en longueur et Louis XIV, irrité de ces délais et de l'insolence des Turcs, venait, en 1669, de donner à son ambassadeur l'ordre de revenir en France, lorsque celui-ci fut subitement invité par la Porte à se rendre à Larissa, en Thessalie, où se trouvait alors le sultan, pour reprendre l'affaire des Capitulations (1).

---

(1) Voir A. Vandal, l'*Odyssée d'un ambassadeur. Les voyages du marquis de Nointel* (Paris, 1900, in-8°), p. 18-20.

M. de La Haye-Vantelet avait emmené comme aumônier un religieux capucin du couvent de la rue Saint-Jacques, à Paris, le P. Robert de Dreux (1), qui accompagna l'ambassadeur à Larissa; d'un esprit curieux, le P. Robert de Dreux mit à profit une occasion qui s'était inopinément présentée de faire le voyage d'Athènes et d'en visiter les antiquités. « Il y avoit pour « lors à Larissa, dit-il dans la *Relation* de son voyage, un sei-« gneur Paléologue (2), de l'ancienne famille des derniers « empereurs de Grèce, lequel étant venu voir Son Excellence « pour une affaire qu'il avoit avec quelques François, et se trou-« vant à la veille de son départ pour retourner à Athènes, où il « faisoit sa demeure ordinaire, M. l'Ambassadeur le pria de se « charger des lettres qu'il écrivoit à nos capitaines (3), ce qu'il « fit volontiers. Mais, comme j'avois un grand désir de voir les « antiquitez d'Athènes, je crus que l'occasion étoit trop favo-« rable pour la négliger. C'est pourquoi je priai M. l'Ambassa-« deur de me permettre d'accompagner ce seigneur Paléologue. « Il eut bien de la peine à y consentir; mais, lui aiant repré-« senté que je pouvois lui être utile en ce voiage, parce que je « ferois toute la diligence possible pour trouver moien de faire « tenir ses lettres à nos capitaines, il me donna enfin son con-« sentement, et je priai aussitost ledit sieur Paléologue de me « souffrir en sa compagnie et de me faire avoir un cheval, dont « Son Excellence faisoit la dépense; il me l'accorda de bonne « grâce et me dit de me tenir prest à partir pour le lendemain. » Nos deux voyageurs partirent en effet de Larissa le 2 juin 1669, et, après avoir passé à Pharsale, aux Thermopyles, à Thèbes, arrivèrent enfin à Athènes, où nous laisserons la parole au P. Robert de Dreux (4).

(1) Le P. Robert de Dreux avait fait profession au couvent des Capucins de Saint-Jacques à Paris, le 16 janvier 1655 (Bibl. nat., ms. français 25045, p. 158).
(2) Voir du Cange, *Historia byzantina* (Paris, 1680, in-fol.), p. 230-248.
(3) Il s'agit des capitaines des vaisseaux du roi, qui étaient au Mile et à qui de La Haye Vantelet envoyait l'ordre de se rendre à Napoli de Romanie pour y embarquer Suleiman-aga, que le Grand Seigneur avait désigné comme ambassadeur auprès de Louis XIV.
(4) Bibliothèque nationale, ms. nouv. acq. franç. 4962; copie du XVIII⁰ siècle,

« Quand nous aprochâmes d'Athènes, j'aperçus de si belles antiquités que j'oubliai bientost toutes les peines que j'avois eu sur les montagnes, et, profitant de l'avantage que j'avois de pouvoir être instruit par un homme intelligent, tel qu'étoit le sieur Paléologue (1), je m'informai de lui à chaque chose qui me paroissoit plus remarquable, et pour avoir moien de les reconnoitre, quand j'yrois les voir avec plus de loisir, je me servois d'une petite boussole pour observer leur situation. J'accompagnai le sieur Paléologue jusqu'à son logis, où, étant descendu de cheval, il me fit conduire à notre hospice, où demeurent toujours un de nos religieux pour rendre service à tous les Catholiques qui sont dans ces quartiers là, et j'y trouvai heureusement le P. Simon de Compiègne (2), avec qui j'étois venu depuis Paris jusqu'à Constantinople.

« Il n'est pas possible d'exprimer la joie et la consolation que causa à l'un et à l'autre une rencontre si favorable, vû qu'il y avoit environ 4 ans que nous ne nous étions vûs, et, après nous être embrassés, je le priai de me conduire promtement chez M. le consul de France pour savoir si les vaisseaux que j'avois veu de loin dans le port, n'étoient pas les vaisseaux du Roi dont nous étions en peine.

« Arrivant chez M. le consul, je le trouvai qui arrivoit du port et me dit que l'un de ces vaisseaux étoit de France et

---

petit in-8°, de 144 feuillets, intitulée : « Relation du voiage du Révérend Père « Robert de Dreux, capucin de Saint-Jacques, à Paris. Voyage de Paris à Cons« tantinople. » Un autre titre, plus moderne, se trouve sur le feuillet de garde du volume : « Voyage de Paris à Constantinople, contenant des particularités de « l'ambassade de M. de La Haye-Vantelet, ainsi que des mœurs et du caractère « du sultan Mahomet IV, avec quelques anecdotes concernant le siège de Candie, « etc., an. 1665 et suivantes ; par le P. Robert de Dreux, capucin, aumônier de « l'ambassadeur. Mss. non imprimé. » — La description d'Athènes imprimée tout au long ici est aux fol. 104 v°-112 du manuscrit, et le passage cité plus haut, au fol. 99 et verso.

(1) Le manuscrit porte *Pascalogue* ici et plus loin.
(2) Voir *Athènes aux xv°, xvi° et xvii° siècles*, par le comte de Laborde (Paris, 1854, in-8°), t. II, p. 32; et aussi *Athènes ancienne et nouvelle*, par le sieur de la Guilletière (Paris, 1675, in-12), qui cite souvent le P. Simon de Compiègne, lequel, après avoir été 40 ans religieux, mourut, le 18 mai 1687, au couvent des Capucins de la rue Saint-Honoré, à Paris (Bibl. nat., ms. français 25045, p. 207).

l'autre de Raguse, et que les capitaines de ces deux vaisseaux lui avoient dit qu'ils avoient laissé les 4 vaisseaux du Roi au Mile. Je lui fis connoitre en même temps combien il étoit important de faire porter les lettres de M. l'Ambassadeur à M. Dalméras, qui commandoit les vaisseaux du Roi, et qu'il falloit engager le capitaine du vaisseau de France d'y aller ou d'y envoier incessamment; mais M. le consul me dit qu'il falloit que ce fût moi-même qui engageât ce capitaine à faire ce message, à quoi il auroit de grandes répugnances et que, pour cet effet, il me conduiroit le lendemain au port, qui est fort éloigné de la ville. De sorte que, dès le lendemain matin, nous montâmes à cheval pour aller au port et je parlai si efficacement au capitaine françois, qu'il se mit aussitost à la voile avec les lettres que je lui donnai pour M. Dalméras; mais, arrivant au Mile, il n'i trouva plus les 4 vaisseaux du Roy. C'est pourquoi, aiant appris d'un corsaire de Malte qu'ils étoient allés au Cerigue, il les pria de leur porter les lettres dont il s'étoit chargé et de dire à M. Dalméras que l'ambassadeur du Grand Seigneur se rendroit incessamment à Napoli de Romanie pour s'embarquer sur les vaisseaux, qui devoient le porter en France, ainsi que je l'en avois instruit.

« Je m'occupai cependant à voir tout ce qu'il y a de plus curieux à Athènes, où il reste tant de belles antiquités, qu'il est facile de juger que ceux qui en ont écrit tant de merveilles ont dit la vérité. Notre ancien compagnon, qui y demeuroit depuis trois ans, s'offrit volontiers de me conduire à tout ce qu'il y avoit vû de plus beau et de plus remarquable, mais il m'avertit qu'il ne faloit pas espérer de voir ce qui est dans le chasteau et aux environs, parce que, n'étant habité que par des Turcs, qui ne sont pas si humains que ceux de Constantinople, ils assommoient à coups de pierres tous les Chrétiens qui s'en approchoient.

« Il me fit d'abord remarquer que la maison de notre hospice, où il étoit logé, est le lieu où Démosthène, ce grand orateur de Grèce, avoit fait sa demeure, et il y reste encore dans son entier un fort beau cabinet, tout de marbre, qui est bâti en forme de tourelle, qui est couverte d'une seule pierre de marbre, si grande et si épaisse qu'elle est creusée au dedans comme une calotte et élevée au dehors comme un petit dosme, dont la superficie est taillée en forme de coquille, et l'entablement sur lequel elle est posée est enrichi d'une infinité de bas-reliefs, qui représentent plusieurs figures d'hommes et de bestes avec une délicatesse admirable. Et il me dit que, quand on lui avoit vendu cette maison, ç'avoit été à condition que tous ceux qui viennent voir les antiquités d'Athènes, auroient la liberté de venir voir le pavillon de Démosthène, qui en est une des plus belles et des plus entières.

« Il me conduisit ensuite aux ruines du superbe palais de Thésée, ce brave capitaine qui partagea avec Jason la gloire d'avoir enlevé la toison d'or. Il reste encore 10 ou 12 colonnes de ce palais, qui sont si hautes et si grosses qu'elles ont 4 brasses de tour; elles sont toutes d'un beau marbre blanc et toutes canelées. J'appris qu'il y en avoit 366, sur lesquelles étoit bâti tout le palais, dont il reste encore quelques pans de murailles sur 2 ou 3 de ces colonnes, sur lesquelles on avoit faites une infinitez de cintres, qui rendoient cet édifice plus ferme et plus solide. Il y reste encore un grand portail, tout de marbre, élevé comme un arc triomphal, enrichi de colonnes, de pilastres et de figures, dont il reste encore de beaux fragmens; il y a apparence que c'étoit l'entrée de ce magnifique palais qui se joignoit au chasteau.

« Nous allâmes de là au temple de Junon, dont les Chrétiens avoient fait une église dédiée à la sainte Vierge; mais la prophanation qu'en ont fait les Turcs l'a fait abandonner. Il me mena ensuite voir les ruines d'un ancien couvent des religieux de saint François, dont on voit encore quelques figures sur une muraille de l'église, qui est ruinée. Je vis en ce même lieu les restes d'un pont de pierre, qui paroit avoir été bien bâti, et il reste encore aux pilliers de gros anneaux de fer, qui marquent qu'il y passoit autrefois une rivière portant bâteau, quoiqu'il n'i en ait plus du tout, non pas même un petit ruisseau.

« Retournant dans la ville, on nous y fit remarquer les ruines de plusieurs beaux palais, comme celui de Polemarco et de Témistocle, dont ils restent plusieurs belles colonnes de marbre; de là on nous conduisit au monument de Socrate. C'est un gros pavillon de marbre, qui a 8 faces, sur lesquelles les vents sont représentéz en bas-reliefs, pour marquer la légèreté de ceux qui avoient condamné à mort ce grand philosophe, qui a le premier mis en vogue la philosophie morale et parlé de Dieu d'une manière si haute et si sublime, que, ne convenant point aux fausses divinitéz, qu'on adoroit parmi les païens, quelques jaloux l'accusèrent de mépriser les dieux, ce qui le fit condamner à boire du poison, dont étant mort, les Athéniens reconnurent leur injustice et, pour la réparer en quelque manière, ils firent élever ce monument à la gloire de ce grand homme, qui a été le maître de Platon et des plus illustres philosophes. On lui avoit aussi élevé une statue de bronze, mais elle n'y est plus.

« Notre compagnon me fit voir encore plusieurs autres antiquités, dont cette ville est si remplie qu'il y a peu de rues où l'on n'en voie quelqu'unes. Mais cela ne satisfaisoit pas ma curiosité, sçachant qu'il y avoit bien d'autres choses dignes d'être veues et observées. C'est pourquoi voiant que notre compagnon ne les avoit pas encore veues, depuis 3 ans qu'il étoit dans le païs, parce qu'il n'osoit s'y hasarder, je résolus d'y aller seul, sans lui en parler, espérant que le bonheur, qui m'avoit accompagné partout, ne m'abandonneroit pas dans ce besoin, et pour mieux réussir dans mon dessein, je m'informai d'un françois, qui demeuroit depuis longtems au païs, où étoient les plus belles antiquitéz, dont il me donna un mémoire, qui me servit beaucoup avec ma petite boussole, qui me servoit de guide.

« Je pris donc occasion de me dérober de notre compagnon, après avoir disnée chez M. le consul, et j'enfilai d'abord une rüe que je crus pouvoir me conduire à un temple, que j'avois remarqué hors la ville en y arrivant; mais il faut que j'avoue que j'expérimentai, le long de cette rüe, que les Turcs y étoient bien moins civiles que dans les autres lieux, où j'avois passée, car, bien que leurs enfans me fissent plusieurs huées et me jettassent des pierres, je ne vis personne qui les en empêchât. Tout le remède, dont je me servis pour me délivrer de cette canaille, fut de marcher si vite que, ne pouvant me suivre, ils furent contraints de m'abandonner, voiant que je ne me mettois point en peine, ni de leurs huées, ni des pierres qu'ils me jettoient. J'arrivai enfin au bout de la rüe et je reconnus que je ne m'étois pas beaucoup écarté du lieu où je voulois aller; je m'y rendis aussitost par un petit chemin que je pris sur la gauche et je trouvai que ce temple étoit encore en son entier, mais je ne pus y entrer parce que les portes, qui sont revestues de lames de fer, étoient fermées, de sorte qu'il me fallut contenter de le considérer par dehors. Il est tout de marbre et environné d'une galerie assez large, soutenue par de belles colonnes bien canelées; m'étant informé quel étoit ce temple-là, on me dit que c'étoit autrefois le temple de Thésée, mais que les Chrétiens l'avoient dédié à S. George et qu'ils y célébroient encore les saints offices.

« J'aperçus de là quelque chose de blanc dans un champ, qui n'en est pas éloigné. La curiosité m'y porta et je trouvai que c'étoit un lion, d'un fort beau marbre blanc, qui est si gros qu'aïant la gueule béante et fort creuse, des enfans y entrent facilement. Il est couché par terre avec cette devise en grec : « Je puis dormir en assurance cependant que mes compagnons veillent »; dont cherchant l'intelligence, on me dit que ce lion étoit autrefois au milieu de la ville et que ses deux compagnons sont deux autres lions de marbre, que j'ai vus, l'un sur les murailles du chasteau et l'autre sur le bord de la mer et sont tous deux comme faisant la sentinelle. Celui qui est sur le bord de la mer est beaucoup plus gros que celui qui est couché dans le champ; il donne le nom au port, car on l'appelle le

Port Lion. Il étoit autrefois environné de quantité de belles maisons; mais il n'en reste plus que les ruines, aussi bien que de la muraille, qui alloit du port à la ville.

« Ce que je désirois le plus de voir c'étoit le temple qui donna occasion à S. Paul de reprocher aux Athéniens leur aveuglement, parce qu'ils l'avoient consacré au Dieu inconnu, vû que Dieu s'étoit manifesté d'une manière si sensible; mais, parce qu'il est renfermé dans le château, qui n'est habité que par les Turcs, et qu'on m'avoit averti qu'il étoit dangereux d'en approcher, je perdois quasi l'espérance de satisfaire là-dessus ma curiosité. Je voulus du moins tenter si je ne pourrois pas voir la maison où demeuroit autrefois S. Denis, que le sieur Paléologue m'avoit dit être proche de l'Aréopage, dont il me montra quelques anciennes murailles, en arrivant à Athènes; c'est pourquoi, bien qu'elles soient proches du chasteau, sur une éminence qui commande à la ville, je ne laissai pas d'y aller et, arrivant à une grande maison dont la porte étoit ouverte, je vis dans la cour un autel, aux environs duquel il y avoit des pilastres et autres ornemens de marbre. Je pris la confiance d'y entrer et je remarquai que c'étoient les ruines d'une ancienne chapelle, mais, n'osant pas rester là longtemps, j'en sortis promptement et j'allois vers l'Aréopage, lorsque j'entendis une voix qui me disoit en grec : « Arrête, arrête. » Je tournai la tête pour voir d'où venoit cette voix et je vis un prestre grec, qui me fit signe de l'attendre, ce que je fis volontiers, et m'aiant joint, il me demanda qui j'étois. Je lui dis que j'étois un François, qui, retournant en France, cherchoit à voir la maison de S. Denis, qui en a été le premier apôtre. Vous en sortez, me dit-il, et, m'y faisant rentrer, il me montra l'autel que j'avois déjà vû, et lui disant que j'étois surpris comment ils laissoient cette chapelle ainsi ruinée, il me dit que les Turcs ne vouloient pas permettre de la réparer, mais que tous les ans ils ne laissoient pas de l'ajuster le mieux qu'ils pouvoient le jour de la fête de S. Denis et qu'on y célébroit la sainte messe, à laquelle ils convioient tous les François qui se trouvent dans le païs, sçachant qu'il est leur apôtre, aiant quitté Athènes dont il étoit évèque pour aller prêcher la foi dans les Gaules, à la sollicitation de S. Policarpe. Je demandai à M. le consul s'il étoit vrai qu'on l'invitoit tous les ans d'aller entendre cette messe? Il me dit qu'on n'y manquoit pas et que tout ce qu'il y avoit de François ne manquaient pas d'y assister.

« Le prêtre me montra ensuite un puits, où il me dit que S. Denis avoit caché S. Paul durant quelques jours et m'invita d'entrer dans ce logis pour voir l'archevêque, qui y faisoit sa demeure; mais je m'excusai sur ce que, ne sachant pas assez bien le grec pour l'entretenir, je pourrois le lendemain venir avec mon compagnon, qui en sçavoit plus que moi, pour lui rendre nos respects.

« En sortant de cette maison, je passai proche d'une avant-porte du chasteau, où je n'avois garde d'entrer, me souvenant de l'avis qu'on m'avoit donné qu'il y avoit du péril; c'est pourquoi je passai promptement aux ruines de l'Aréopage, ce plus fameux collège de l'univers, qui a été le séminaire des plus belles sciences, où il ne reste plus que quelques murailles, avec double rang de fenestres comme à une église. Mais je ne restai pas là longtems, car quelques Turcs m'aiant aperçu du château, qui en est proche, m'appellèrent comme si ils vouloient me montrer quelque chose, et voiant que je leur faisois la sourde oreille, ils me jetèrent des pierres, que j'évitai en continuant mon chemin vers un temple que l'on m'a dit avoir été bati au dieu Pan et qui est maintenant dédié à la sainte Vierge. Au-dessus de ce temple, approchant du château, il y a deux grandes colonnes de jaspe et je remarquai à costé un grand quadran solaire à plusieurs faces.

« De l'autre costé, vis à vis de l'Aréopage, je remarquai des pilastres d'un fort beau marbre blanc, avec quelques autres fragmens sur un rocher, ce qui m'obligea de m'y transporter, et je reconnus que c'étoit le trophée de Thésée, que je vis représenté sur un char de triomphe, traîné par ceux dont il étoit le vainqueur; mais cela est maintenant à moitié ruiné.

Je regardois ainsi de costé et d'autre ce qui me paroissoit plus remarquable, quand un Turc, qui me parut avoir plus de 60 ans, se présenta devant moi. Je le saluai fort honnestement en lui disant : Πολλὰ τὰ ἔτη, bas, c'est-à-dire : « Que vos années soient nombreuses »; car c'est la manière de saluer en ce païs là, et, voulant suivre mon chemin, il m'arresta et me dit : « D'où viens-tu ? » Je lui dis que je venois de voir quelques ruines sur un rocher. « Il est vrai, me dit-il, mais auparavant où as-tu été ? » Je répondis que j'avois considéré quelques antiquités aux environs du chasteau. « Non, non, dit ce vieillard, ce n'est pas cela qui t'amène ici, car il y a longtems que je t'observe et je t'ai vû tourner autour du chasteau pour en remarquer le fort et le foible, afin de voir par quel costé on pourra plus facilement l'attaquer. Tu es un espion, qui vient ici de Candie pour nous trahir. » Il commençoit déjà de m'embarasser, ne sachant pas assez bien la langue pour me justifier, lorsqu'un grand Albanois, qui se rencontra heureusement, prit mon parti et dit à ce Turc que je n'étois pas ce qu'il pensoit, parceque nous avions une maison assez proche de là, où nous demeurions paisiblement sans faire tort à personne, et, pendant qu'il amusoit ce Turc, je me glissai dans une rue, qui me conduisit à notre logis, où étant arrivé je frappai si fort à la porte que notre compagnon accourut aussitôt pour me l'ouvrir. Il eut d'autant plus de joie de me voir que depuis 4 ou 5 heures je m'étois dérobé de lui; il étoit toujours dans la crainte que ma curiosité ne me fît exposer à quelque péril, dont je ne pourrois pas me retirer.

« Il me dit que nous étions invités avec M. le consul d'aller souper chez le sieur Paléologue, qui nous fit un festin si magnifique que rien n'y étoit à souhaiter qu'un peu plus de modération à casser des verres, car jamais je n'en ai vû tant casser; chacun se faisoit un plaisir de jeter son verre en l'air après avoir bu. C'est une méchante coutume qu'ils ont en ce païs là d'agir de la sorte, quand ils veulent montrer que la chère est entière. Pour moi, j'avoue que cela ne me plaisoit nullement; mais ce qui me fit plus de peine, c'est que tous les verres étant casséz, en sorte qu'il ne restoit plus dans la maison qu'un grand verre de Venise, qui étoit parfaitement beau et que je voiois suspendu dans la chambre, comme une pièce exquise, le seigneur Paléologue se le fit apporter pour subir le même sort que les autres, je demandai à le voir et, après l'avoir admiré, je dis qu'un si beau verre méritoit bien que chacun de la compagnie bût dedans la santé du Roi, et, y aiant fait mettre un peu de vin, je dis au seigneur Paléologue que je le priois d'agréer que je lui portasse la santé de notre Roi, à condition que chacun la boiroit dans le même verre et qu'ensuite on me le raporteroit pour en faire raison. Chacun agréa ma proposition et le verre m'étant rendu, pour terminer cette cérémonie, je dis au seigneur Paléologue, qu'après m'avoir comblé de ses bontés pour notre voïage et depuis mon arrivée à Athènes, il ne me restoit qu'une grâce à lui demander, qui étoit que ce verre dans lequel la santé d'un si grand monarque avoit été bû si honorablement, fut soigneusement gardé pour en conserver la mémoire. Ce qui me fut accordé de bonne grâce. C'est ainsi que j'ai sauvé du naufrage un si beau verre.

« Après ce régal, voiant chacun en bonne humeur, je dis que je serois parfaitement content d'Athènes si j'avois vû le temple dédié au Dieu inconnu, *Deo incognito*. Cela fit ouvrir les oreilles à M. le consul et quelques autres de sa compagnie, qui dirent : « Ne souffrons pas que le Père sorte d'Athènes avec ce mécontentement, il faut faire un présent à l'aga pour l'engager à lui accorder cette grâce. » On ordonna en même temps au truchement d'aller trouver l'aga, de la part de M. le consul, de lui porter le présent et lui demander qu'il me fût permis d'aller dans le chasteau pour y voir quelques antiquités ; ce qui ne se put faire que le lendemain, et dans ce temps là je receus des lettres de M. l'Ambassadeur, qui me mandoit de me rendre à Napoly de Romanie, pour me joindre à l'ambassadeur turc, qui partoit avec son équipage pour s'i aller embarquer.

« Le truchement ne manqua pas le lendemain d'aller trouver

l'aga, qui est gouverneur du chasteau, pour lui dire que l'aumônier de M. l'Ambassadeur de France étant sur le point de partir pour aller joindre à l'ambassadeur que Sa Hautesse envoioit en France et qui devoit l'y accompagner, désiroit de voir quelque chose dans le chasteau, c'est pourquoi M. le consul l'en prioit de ne lui pas refuser cette grâce. Cet aga, [qui] se trouvoit pour lors chez le bacha, qui est gouverneur de la ville, dit au truchement : « Celui pour qui vous demandez cette « grâce est aparamment cet espion dont je suis en peine et « qu'on m'a dit avoir été déjà autour du chasteau pour en obser- « ver le fort et le foible. » « Seigneur, répondit le truchement, « quiconque vous a dit que c'est un espion n'a pas dit la vérité « et vous pouvez vous en assurer par les ordres qu'il vient de « recevoir d'aller accompagner en France un ambassadeur. » « Hé bien, répondit l'aga, puisqu'il est tel que vous dites, qu'il « vienne demain au château et je l'y recevrai avec honneur, car » je ne puis l'y recevoir aujourd'hui, étant en affaire avec le « bacha. » Et aïant appris du truchement que je devois partir le lendemain pour Napoly, il tira de son poulce un gros anneau d'yvoire, qui leur sert pour bander l'arc et qu'ils portent pour ornement, il dit : « Portez-lui cet anneau et dites lui qu'il peut « aller avec 6 personnes au château, dont on lui donnera « l'entrée en rendant cet anneau, suivant l'ordre que je vais y « envoier. » J'allai aussitost au chasteau avec notre compagnon, le capitaine, qui étoit déjà de retour, et trois autres qui me prièrent de les y faire entrer avec moi et avec le truchement, qui, arrivant à la porte, présenta l'anneau de l'aga et aussitost on nous fit entrer par le guichet; mais on arresta un sep- tième qui s'étoit glissé avec nous, les gardes déclarant qu'ils avoient seulement ordre d'en faire entrer 6 avec moi, néan- moins on les pria tant, qu'ils laissèrent encore entrer ce septième.

« Aussitost que nous fûmes entréz, j'allai satisfaire l'ardent désir que j'avois de voir ce fameux temple, dont on parle tant, et je connus que mon désir étoit juste et raisonnable; car, bien que les Romains, quand ils se rendirent maîtres d'Athènes, en aient emporté tout ce qu'il y avoit de plus beau, ils ne purent enlever les admirables sculptures qui sont tout autour de ce temple parce qu'elles sont tellement enclavées dans l'entablement, qu'on ne peut les en ôter sans les briser et les mettre toutes en pièces.

« Ce temple, que les Chrétiens avoient consacré au Dieu connu, est tout de marbre. Il est grand et spacieux, mais les Turcs, qui en ont fait leur principale mosquée, en ont ôté toutes les marques du Christianisme, de sorte qu'il est tout nud au dedans ; on y voit seulement, à l'endroit où étoit l'autel, une élévation de plusieurs marches, qui marquent la séparation du chœur et de la nef. L'on m'y fit remarquer dans le mur, qui étoit derrière l'autel, une pierre de deux ou trois pieds en quarré, laquelle donne une lueur comme d'un petit charbon de feu dans les petits trous que l'on y fait avec la pointe d'un couteau et on m'assura que, dans l'obscurité de la nuit, tous ces petits trous, que font les curieux qui la viennent voir, paroissent comme de petites étoiles. Au dehors de ce temple il y a une galerie qui règne tout autour et est soutenue par de grandes colonnes de marbre bien cannellées, enfin tout ce qu'on y voit de sculpture est si beau et si bien travaillé que nous en étions tous charmés, et j'en restai tellement satisfait que je ne cherchai plus à voir les autres antiquités, quoique cette ville en soit tellement remplie qu'il y a peu de maisons qui n'en aient quelqu'une ou du moins quelques fragmens. »

II.

LETTRES DE JACOB SPON ET DU P. BABIN

Jacob Spon avait publié à Lyon, en 1678, le récit du *Voyage d'Italie, de Dalmatie, de Grèce et du Levant* (1), qu'il avait fait quelques années auparavant, en 1675 et 1676, de com-

(1) 3 volumes in-12.

pagnie avec l'anglais George Wheler. Dans le second volume de son *Voyage* (pp. 100 et suiv.), avant de commencer la description des monuments d'Athènes, il avait inséré une critique assez vive de l'*Athènes ancienne et nouvelle* du sieur de La Guilletière, publiée en 1675 (1). Guillet ne resta pas sous le coup de cette attaque et fit imprimer, en 1679, des *Lettres écrites sur une dissertation d'un voyage de Grèce, publié par M. Spon*, etc. (2).

Spon ne tarda pas à répondre aux *Lettres* de Guillet et quelques mois après il faisait paraître une *Réponse à la critique publiée par M. Guillet sur le voyage de Grèce de Jacob Spon* (3). Dès le 6 août 1679, il en adressait de Lyon un exemplaire à l'abbé Jean-Paul de La Roque, l'un des auteurs du *Journal des Savants*, avec la lettre suivante :

« Monsieur,

« Je vous envoye ma Response à M. Guillet, qui auroit esté achevée d'imprimer plutost qu'elle n'a esté, si on m'eust plutost expedié le privilége; mais vos Messieurs de Paris prennent le soin de mortifier un peu nostre démangeaison d'escrire par les longueurs qu'ils aportent à nous expédier les approbations et les lettres de la chancellerie. Si vous voulez bien me faire la grâce de parler de cette contre critique dans vostre *Journal* (4), je vous prie du moins que ce soit sans aucun éloge, si ce n'est peut estre celuy de curieux, qui ne me feroit pas rougir. M. Charpentier a fait cas de la lettre escrite pour ma défense immédiatement après ma response (5). L'auteur n'en veut pas estre encore connu, quoy qu'il ne craigne point du tout M. Guillet; mais c'est apparemment qu'ayant assez de répu-

---

(1) Paris, Estienne Michallet, in-12.
(2) Paris, Estienne Michallet, in-12.
(3) Lyon, 1679, in-12. — Sur le différend de Spon et de Guillet voir *Athènes*, etc. du comte de Laborde, t. II, pp. 28 et suiv.
(4) Voir *Journal des Sçavans*, de la fin de décembre 1679, p. 301-304.
(5) Lettre du 12 mars 1679, imprimée aux pages 163-209 de la *Réponse* de Spon.

tation dans le monde pour n'en pas rechercher par une petite dissertation de deux fueilles, il ne veut pas se commettre avec un homme tel que M. Guillet. Pour moy, qui n'ay aucune réputation à ménager, j'ay cru estre obligé d'escrire, et sans me déguiser, pour servir de commentaire à ma première relation et pour justifier ma sincérité, quoy que quelques uns de vos Messieurs de Paris, que j'honore d'ailleurs beaucoup, me conseillassent de ne point faire de response. Au fond, quand je n'aurois fait que détromper une partie des curieux, qui prenoient M. Guillet, ou La Guilletière, pour un véritable voyageur, et non pas pour un homme qui escrit sur des mémoires mandiés, je n'auray pas perdu ma peine, et ils auront du moins sujet de se tenir sur leurs gardes, en cas que M. Guillet produise quelque nouveau roman de la Grèce. Je prie Dieu qu'il le convertisse, afin qu'il n'abuse plus du talent qu'il a de bien escrire et de la crédulité d'une infinité de lecteurs qui se persuadent aisément ce qui leur donne du plaisir à lire aux despens de la vérité (1).

(1. L'abbé Claude Nicaise, de Dijon (1623-1701), toujours à l'affût des nouvelles littéraires, n'avait pas manqué de se mêler à la querelle de Guillet et de Spon, à qui il écrivait, de Dijon, le 24 janvier 1679 :

« J'ay une joye, Monsieur, que je ne vous sçaurois exprimer d'apprendre par vous mesme que vous vous portez mieux. Je vous aurois envoyé le misérable livre de La Guilletière, si je n'avois veu que vous l'aviez desjà. Je n'ay point voulu achepter un livre de cette nature et j'ay mandé à de mes amis de Paris de ne le point envoyer, qui en avoient quelque dessein. Ce sont de misérables gens que ces Guilletières de faire de si méchants livres et qui mériteroient qu'on les desguelletât et qu'on leur donnasse les estrivières, de donner au public de ces sortes de livres. C'estoit le sentiment de M. de La Mare et de M. de Chevanes, nos bons amis, qui vous estiment infiniment, qu'on traittast ainsy l'autheur d'*Athènes ancienne et nouvelle*, lorsqu'ils eurent vû son livre. Pour moy j'admiray l'effronterie de cet autheur de nous promettre tous les plans ou veues des plus belles villes de la Grèce et d'avoir commencé si impertinément par Athènes et Lacédémone. Ils se contentèrent de représenter en ceste dernière deux Capucins sur un chemin, d'un costé, et de l'autre quelques mazures, et n'en font guère davantage dans la première, et ils appellent cela de véritables plans de ces villes. Et, lorsqu'on leur faict connoistre d'une manière honneste et civile que ce ne sont pas là des plans dessignéz au juste, ils s'emportent jusques à dire les dernières injures au monde et font des satyres contre les honnestes gens, qu'ils ne justifient pas mieux que leurs plans ridicules, car ils produisent deux Capucins et leurs lettres mendiées qui sont de misérables argumens.

« Il n'y a point de braves gens qui ne soient indignés contre les Guilletière...

« J'ay donné un plan assez nouveau à la science de l'antiquité; il ne manquera pas d'estre critiqué, mais c'est le fruit que j'en attens, pourvû qu'il en résulte quelques lumières plus précises que celles là. Je remis, il y a environ trois semaines, à M. Amaulry, un fueillet pour vous de quelques titres de livres nouveaux; je ne sçay, Monsieur, si vous l'aurez receu..... (1) »

Spon avait aussi adressé un exemplaire de sa *Réponse* au P. Babin, dont il avait publié quelques années auparavant la *Relation de l'estat present de la ville d'Athenes* (2), et celui-ci lui adressait, en le remerciant de son envoi, la longue lettre suivante, datée du 2 avril 1680 :

« Monsieur, je me sens si obligé à vos courtoisies et à vos

Ils veulent tourner en ridicule les antiquaires, dans la belle science desquels ils ne sçavent ni A ni B... » (Bibliothèque de Lyon, ms. O. 1688, lettre 110.)

Spon lui répondait le 24 février 1680 :

« Je suis fort obligé à la bonté de M. l'abbé Huet, qui veut me procurer la paix avec M. de la Guilletière. Elle est déjà faite dans mon cœur, où je ne sçay mesme s'il y a jamais eu de guerre à ce sujet : néanmoins je souhaite fort qu'entre les articles de paix, il y en ait un qui nous oblige l'un et l'autre à nous critiquer aussi sévèrement qu'auparavant, si ce n'est en public, du moins en particulier.

« Je ne sçay si nous pourrons un jour avoir la description de la Morée par M. Giraud. Un moyen de l'avancer seroit d'avoir un bon amy en cour, qui parlât pour luy faire avoir la place vacante du consulat de France. Le s^r Châtaignier ayant esté pris et tué par les corsaires de Thermia, depuis trois ou quatre mois. Je l'ay sceu de plusieurs endroits, entr'autres d'un de ses cousins Châtaignier, qui est icy, de M. Galland, de Candie, et du P. Babin, de Smyrne... » (Bibliothèque nationale, ms. français 9360, fol. 235.)

Et c'est sans doute à la *Response* de Spon qu'il est encore fait allusion dans une lettre qu'il écrivait de Lyon à l'abbé Nicaise, le 19 décembre 1680 :

« Je vous envoye six exemplaires d'un petit ouvrage qui vient de naître comme un champignon pour justifier la chanson de M. Guillet :

« *Et nous dirons du docteur Spond.*
« *Que livre sur livre il nous pond.*

« Je voudrois que quelque amy m'en dit son sentiment aussi sévèrement que M. Guillet de mon Voyage. C'est pourquoy je vous prie d'en envoyer quatre ou cinq à Paris, comme à M. de Condom, Huet, Mariotte, Perreau... » (Bibliothèque nationale, ms. français 9360, fol. 241.)

(1) Bibliothèque nationale, ms. français 19210, fol. 347-348 (Papiers du P. Léonard de Sainte Catherine).

(2) Lyon, 1674, in-12; réimprimée en 1854, par le comte de Laborde. Cf. aussi *Athènes*, etc., du même auteur, t. 1, p. 180 et suiv., et p. 212.

liberalités que je ne sçay où trouver des remercimens qui correspondent aux grâces que je reçois. J'aurois esté surpris de vostre magnificence, si je n'estois desjà accoustumé à en ressentir les effects. Je garde tousjours ce que vous me fistes la faveur de m'envoyer à Constantinople. Mais il faut advouer que vostre dernier présent a eu un effect admirable, et que vous estes un médecin qui a des secrets pour guérir les absens sans user de poudre de sympathie. J'avois esté plus de 2 mois malade, lorsque je receus les livres qu'il vous a pleu m'envoyer, et en les voyant j'eus une telle consolation que je commençay à me mieux porter ; mais quand je leus le verset que vostre antagoniste adresse à M. le Dauphin (1), il me vint une envie de rire si grande qu'elle me guérit. Ainsi vous m'avez envoyé un excellent remède, et plus efficace que tous ceux des médecins de cette ville. Maintenant qu'il me faut vaquer aux prédications du caresme, je n'ay peu lire que la critique et sa réponse, que je reliray à loisir avec les autres livres après Pasques. J'ay aussi employé 2 ou 3 heures à lire quelques feuillets du Roman d'Athènes (2), et, en si peu que j'en ay leu, j'ay trouvé quantité de fautes que je vous envois comme de nouvelles armes, s'il vous attaque derechef ; ce que je ne crois pas qu'il fasse après ce que vous et M. Galland luy avez expliqué fort doctement. Il s'amuse à vous censurer sur des bagatelles, c'est un signe qu'il n'avoit rien de solide à vous objecter. La modestie, dont vostre réponse est accompagnée, faict voir la bonté de vostre cause, et je me persuade que tous les gens de bon sens, indignez des paroles outrageuses qu'il vous dit sans en avoir le moindre sujet, quitteront son parti. Ainsi, pensant vous nuire, il a faict tort à sa propre réputation et s'est exposé à la risée des personnes judicieuses, dont vous recevez l'approbation dès le commencement de vostre livre par cette lettre subtile, ingénieuse et élégante que vous addressez à M. le Dauphin.

(1) Allusion au début de la dédicace au Dauphin des *Lettres* de Guillet : « In te, Domine, speravi, non confundar in æternum. » (*Ps.* xxx).
(2) Autre allusion à l'*Athènes ancienne et nouvelle* de Guillet.

« Vous me permettrez de dire que j'ay esté 2 ans à Négrepon, d'où j'ay esté cinq fois à Athènes, où en tout je n'ay pas demeuré 5 semaines entières, bien loing d'y demeurer 2 ans. Les Jésuites n'ont jamais esté persécutez à Athènes; la vraye raison qui les en fit sortir, c'est qu'ils n'avoient pas de quoy vivre après la disgrâce arrivée à M. Fouquet, car après cela M. l'archevesque de Narbonne, son frère, ne leur envoya plus les 50 escus qu'il envoyoit chàque année à cette mission, qui subsistoit par son moyen. Ainsi on se contenta de conserver Négrepon, où ces Pères estoient desjà, qu'ils préférèrent à Athènes à cause du fruict spirituel qu'ils font parmy les esclaves des galères, car il n'y a point de galères à Athènes, où les RR. PP. Capucins allèrent après le départ des Jésuites, qui eurent encore une autre raison, c'est qu'ayant peu d'ouvriers et missionnaires, à cause des grandes occupations qu'ont ces Pères en France, ils ne pouvoient pas fournir du moins 2 Pères en chaque mission. Ainsi ils ne voulurent point multiplier leurs résidences, mais prirent le poste où ils jugèrent pouvoir procurer plus de gloire à Dieu, espérant d'aller de temps en temps faire des missions volantes à Athènes et servir le peu de Francs qui y seroient. Un des Jésuites de Négrepon fut appelé à Athènes diverses fois par MM. les consuls Chastanier et Giraud, en l'absence des RR. PP. Capucins. Le R. P. Simon de Compiègne, qui y estoit seul, ayant pris l'épouvante sur une fausse nouvelle qui courut, quand l'armée du Roy alla en Candie, que les Jésuites de Négrepon avoient estez mis en séquestre par les Turcs, ce Père mit promptement les paremens de l'église chez M. Giraud, et s'embarqua viste sur un vaisseau françois, qui estoit pour lors au Port Lion, d'où il alla à Milo, où passa sa terreur panique. Ce Père avoit tant d'affaires dans Athènes, à Napoli de Romanie, à Patras et ailleurs, où il falloit aller souvent, que ces divers voyages luy empeschoient de faire l'école, qu'il fit quelque peu de temps au commencement, et eut soing des enfans de M. Giraud et du drogmant Jean-Baptiste, et peut estre quelque autre, qui allèrent ensuite aux écoles des

Grecs. Ainsi vous avez a blasmer le critique qui dit, fol. 225 du roman : « Le R. P. Simon cultive l'amitié des Athéniens par « le soing qu'il prend pour les enfans. » Je mettray ses autres erreurs à part et je ne veux point du tout qu'on sçache que c'est moy qui vous les envoye, ny qui les aye observées. Je vous prie de tout mon cœur de tenir mon nom secret; mon habit ne me permet pas de m'engager dans ces disputes ; c'est pour cela que je n'ay pas voulu faire une lettre, comme celle de M. Galland et d'un autre, que vous avez faictes imprimer dans vostre réponse; et d'ailleurs je n'ay rien contre vostre antagoniste, qui, pouvant m'en donner dans sa critique, me traitte tousjours avec honneur ; il n'y a qu'un mot qui me touche, qui est, qu'on a voulu fixer l'Euripe, qui est si variable…

« Vous agréerez, s'il vous plaist, la boëte d'amiante que je vous envoie; je l'addresse au P. Marquis, Jésuite, pour vous la faire tenir, sçachant que ce Père est nostre commun amy. Je voudrois avoir quelque chose digne de vous, et qui approchast tant soi peu de vostre riche présent, mais qui m'est encore plus cher parceque ce sont les productions de vostre esprit, et des curiosités bien particulières, dont je fais grande estime. M. Galland (1), qui est icy, m'en avoit faict espérer une partie, six

---

(1) Antoine Galland ; cf. son *Journal*, publié par Ch. Schefer (Paris, 1881, 2 vol. in-8°). — On peut rapporter ici également une lettre du libraire parisien Claude Barbin, adressée précédemment à J. Spon, le 20 juillet 1679, et dont la première partie est peut-être relative au refus du libraire Barbin de se charger de l'édition de la *Réponse* de Spon :

« Je crains bien, Monsieur, qu'en vous expliquant mes petits sentiments sur les intérez de M. Guillet, je n'aye glissé quelques choses dans ma lettre quy ait mal respondu aux offres honnestes que vous m'aviez faites ; car, à vous dire vray, vous m'avez parut très mescontent par celle qu'il vous a plut de m'escrire. Cependant, Monsieur, j'oseray vous dire, avec tout le respect que je vous dois, que le cœur et les intentions n'ont nul part aux fautes que je pouvois avoir faites en vous exposant mes scrupules, et sy je vous ay parut avoir un peu trop de délicatesse dans des choses où l'on doit avoir de très grandes indifférences, ne l'atribuez, s'il vous plaist, qu'a mon seul deffaut de lumierre, en tout cas je vous demande excuses, en vous assurant que je vous en feray telle satisfaction qu'il vous plaira.

« Je vous remercie, Monsieur, de l'offre que vous me faites de cette petite relation du P. Babin pour joindre à la Smirne de M. Gallant ; comme la diversité plaist dans les livres et surtout dans les relations, je crois que cela ne sera pas

semaines avant qu'ils me fussent rendus, par une lettre qu'il m'écrivit de Milo. Il vous envoye des inscriptions. Je prends grand plaisir dans la conversation d'un si honneste homme. Je demeure et suis toujours, Monsieur, vostre très humble, très obéissant et très obligé serviteur,

J.-P. B[ABIN].

[P.-S.]. « J'ay presque achevé de copier le traitté des coustumes de Grèce ; depuis novembre je n'ay peu y toucher, tant à cause des sermons de l'Advent, qu'à cause de ma maladie qui me prit 2 jours après Noël et dont je me ressens encore un peu. J'acheveray de transcrire après Pâques.

« J'ay veu à Constantinople une grande éclypse de lune, il y a environ 9 ans. Les Arméniens faisoient retentir l'air du son des cymbales, des tambours, des chauderons, etc. Je demanday le lendemain la raison de cette superstition a des papas arméniens, qui me dirent qu'ils n'approuvoient point cela, mais que le peuple de tout temps s'imaginoit que la lune combat contre un dragon, et qu'eux vouloient ayder et encourager la lune par ce bruit ; et qu'ils disoient d'autres semblables sornettes. Ce n'est donc pas seulement du temps passé, comme vous dites répondant à la critique.

« Il n'y a qu'un seul évesque à Négrepon, dans toute l'isle : celuy d'àprésent se nomme Daniel, il est natif de l'isle et fort honneste homme. Charysto, Porthmos, Canalion, Oréon, Aulona ou Αὐλῶνα, qui estoient autrefois des éveschez, n'ont plus cet avantage ; ils dépendoient tous, et les évesques estoient suffragans de celuy de la ville de Négropon, qui pour cela retient encore le titre de métropolite, et a un vicaire à Charisto. Les autres endroits sont de simples villages.

un petit ornement au livre puisqu'elle a vostre approbation. Pour les conditions je les accepte, et je me feray un très grand plaisir de vous envoyer mes livres nouveaux en eschanges, puisqu'en m'aquitant de mes debtes je satisferay plainement mon inclination. Il vous suffira seulement de me marquer ceux de vostre gout pour ne vous rien envoyer d'inutile et de me croire en attendant responce. Monsieur, vostre très humble et très obéissant serviteur, BABIN. » (Bibliothèque de Lyon, ms. O. 1688, lettre 122.)

« Pour ce qui est de la relation de Tines, j'eusse bien souhaitté, que vous en corrigeassiez et retranchassiez quelques choses, qui peut-estre, ne plaira pas, ou sera trop basse.

« Vous fairez de celle des Vroucolacas ce qu'il vous plaira ; il faut en retrancher ces passages latins de l'Évangile touchant les Geraséniens vers la fin, et quelque autre chose ; elle me plaist plus que celle de Tine.

« Je souhaitterois bien que vous fissiez imprimer la dernière relation de l'Euripe, si vous faictes une seconde impression de vos livres, dont je ne doute pas, car je sçay qu'ils ont grand débit, et mesme qu'on les imprime en Hollande. Le Père Lestringan m'escrivit, il y a un an, que vous les feriez réimprimer en latin. En quelque façon et langue que ce soit, la dernière relation de l'Euripe est meilleure que la première et pare aux coups des critiques qui pourroient aller à Négrepon et voir un jour auquel l'Euripe n'iroit pas comme je dis, — à quoy je répons par avance que les vents, quelquefois la lune, ou les grandes marées empeschent cet effect. Il y a dans cette dernière relation plusieurs autres choses remarquables, qui ne sont pas dans l'autre. Si vous passez à une seconde impression, faictes moy de grâce cette faveur et ce plaisir d'y insérer la dernière relation (1).

« Je me réjouis de la santé de M. l'abbé Pécoil, et le salue très humblement, dans l'espérance d'avoir l'honneur de le revoir.

(*Adresse :*) « A Monsieur Monsieur J. Spon, docteur médecin, à Lyon, rue du Mulet, enseigne St. Antoine. — Avec une petite boette, couverte de toile, pleine de pierres *asbestos* (2). »

Il ne sera peut-être pas hors de propos de rapporter encore ici une autre lettre adressée à Spon au sujet de son *Voyage*

---

(1) Cf. le *Voyage* de J. Spon (1678), t. II, p. 326 et suiv.; les *Remarques sur le flux et le reflux de l'Euripe*, du P. Babin, adressées à l'abbé Pecoil, dans une lettre de Négrepont du 15 mai 1670, sont imprimées aux pages 328 et suiv. et ont été reproduites dans le *Journal des sçavans*, du 9 mai 1678, p. 99 et suiv.

(2) Bibliothèque de Lyon, ms. O. 1688, lettre 154.

par un normand, Louis Touroude, qui avait précédemment parcouru la Grèce et l'Illyrie, et qui lui écrivait de Caen, le 18 septembre 1680, pour rectifier certains détails de la topographie d'Athènes.

« Monsieur, sans avoir l'honneur d'estre connu de vous, je n'ay pû m'empescher de vous rendre par cette lettre une marque de mon respect et de l'estime particulière que les productions de votre esprit vous ont si justement aquises. Je vous diré donc aveq vérité que, de tous ceux qui ont lû votre Voyage du Levant, je ne croy pas qu'il y en ayt un seul qui prenne plus de part que moy à l'obligation que le public vous a de luy avoir donné cet ouvrage. La connoissance que vous avez de l'antiquité, jointe à la recherche exacte que vous en avez faitte dans les pays où vous avez esté, nous a appris bien des choses, qui nous auroint peut-estre, esté toujours cachées, si un voyageur comme vous, c'est à dire aussy versé dans l'antiquité et aussi curieux à la rechercher, ne nous avoit comme porté le flambeau pour nous éclairer à déterrer tant de choses curieuses, dans l'obscurité où elles estoint presqu'ensevelies. Je pourrois alléguer un grand nombre des découvertes que vous avez faittes pour preuve de ce que je dis, si le dénombrement n'alloit pas au delà des bornes d'une lettre, je me réserve à les raporter plus au long dans l'ouvrage que j'ay entrepris de la Grèce ancienne et nouvelle, où je travaille il y a plusieurs années (1).

« Mais, comme tout votre ouvrage me paroist excellent, et que vous avez repris avec beaucoup de raison les relations romanesques de ceux qui avoint écrit auparavant de ces pays là, j'ay crû aussy que, si dans votre ouvrage il s'y rencontroit quelque chose, qui pût recevoir quelques doutes, que vous ne trouveriés pas mauvais, affin de s'en éclaircir, et sans blesser

---

(1) Au témoignage de Moréri, dans son *Grand dictionnaire historique* (éd. de 1759, art. Touroude), Louis Touroude qui avait particulièrement étudié la géographie de la Grèce et de l'Illyrie, « mourut sans faire part au public de son ouvrage, qui est encore manuscrit. Sa mort arriva le 30 janvier 1689, âgé de 75 ans. »

la considération qu'on doit avoir pour une personne de votre mérite, qu'on vous dît les raisons sur lesquelles on pourroit fonder les difficultez qui se présenteroint dans quelques endroits de votre livre. Je croy, Monsieur, que vous êtes trop raisonnable pour y trouver à redire, et, cela supposé, je prends la liberté de vous demander touchant la montagne la plus proche d'Athènes, que vous nommez *Anchesmus* (et que vous avez très bien prouvé n'estre point le *Pentelicus*), si vous avez d'autres preuves que l'autorité de Pausanias, que vous alléguez, pour faire veoir que c'est l'*Anchesmus*; car il me semble que pour estre une petite montagne, comme le dit Pausanias, et que le mont Saint-George soit aussy une petite montagne, il ne s'ensuit pas que ce soit l'*Anchesmus*, et on est assez en peine de savoir le vray nom de cette petite montagne; je voudrois savoir de plus si cette montagne de Saint-George, que vous avez veue, est plantée, au dessous du *sommet, d'oliviers et de vignes, car quand vous remarquez, que c'est une montagne très petite, et sans arbres,* et que l'on peut veoir toutte d'un coup d'œil, lorsque l'on est au dessus, je croy que cela se doit entendre des grands arbres, comme des chesnes, des pins et autres de cette sorte, et que ce n'est pas dire qu'elle ne soit plantée de vignes et d'oliviers. Si vous voulez prendre la peine de m'écrire, vous m'obligerez beaucoup de me dire ce qui en est.

« Ceux du pays et de la ville d'Athène qui nomment cette fonteine Callirhoé, qui est auprès de l'Ilissus et entre cette rivière et les 120 colonnes, se trompent, ce me semble, car la fonteine Callirhoé estoit proche du temple de Bacchus et celuy de Cérès estoit sur la fonteine mesme, comme dit Pausanias, et peu au dessous du château, ou ἀκρόπολις, au lieu que celle que vous remarquez dans votre carte d'Athènes en paroist assez éloignée. Vous avez, ce me semble, très bien marqué la situation de l'Académie et repris fort bien ceux qui la mettoint tout au contraire du lieu où elle estoit si éloignée de la ville, puisque Cicéron dit quelle n'estoit qu'à six stades de la porte *Dipylum* et Tite Live dit presque un mille.

« Je voudrois bien savoir ce que c'est que ces arbres, que vous remarquez dans la carte d'Athènes, au dessous de l'Aréopage, tirant vers la rivière que vous dites estre l'Éridan, car cela est assez considérable. Vous avez aussy très bien remarqué la grote de Créuse, où estoit le temple de Pan et d'Apollon, dont Euripide a fait mention dans l'Ion et Lucian dans le dialogue de Pan et d'Apollon, dans lequel néantmoins il ne dit rien de Pelasgicon. Mais pour le temple de Jupiter Olympien, sa situation peut recevoir quelque difficulté, parce que Thucydide, en son 2 livre, le place au midy du château, et votre carte semble le mettre dans la partie septentrionale, ce qui est encore confirmé en la page 187 de votre 2 volume ; mais, si vous prenez bien garde au passage de Thucydide, vous verrez asseurement qu'il le met au midy. Voici ce qu'il en dit : Τὸ δὲ πρὸ τούτου ἡ ἀκρόπολις ἡ νῦν οὖσα πόλις ἦν, καὶ τὸ ὑπ' αὐτὴν πρὸς νότον μάλιστα τετραμμένον τεκμήριον δὲ · τὰ γὰρ ἱερὰ ἐν τῇ ἀκροπόλει καὶ ἄλλων θεῶν ἐστι, καὶ τὰ ἔξω πρὸς τοῦτο τὸ μέρος τῆς πόλεως μᾶλλον ἵδρυται, τό τε τοῦ Διὸς τοῦ Ὀλυμπίου καὶ τὸ Πύθιον καὶ τὸ τῆς γῆς καὶ τὸ ἐν Λίμναις Διονύσου (1), et le reste que vous pouvez veoir et examiner.

« Il y a encore quelque chose à vous dire touchant Aulon, qui, dans la notice de Léon empereur (comme vous savez), est un évesché sous le métropolitain d'Athène ; cet évesché estoit véritablement dans l'isle de Négrepont, et le lieu et le nom en est marqué dans la carte de l'isle dans l'Isolaire de Bartolomeo degli Sonetti, faitte du tems du pape Léon X, vis a vis et proche d'un cap, qui avance peu dans la mer, nommé par le portolan grec Αὐλονάρι, proche de deus petites isles, qu'il nomme Διάβατες, mais Αὐλὼν, qui est le siège d'un évesché n'a rien du tout de commun aveq ce qu'on apelle Καβαλῖναι, qui sont trois petites isles à l'entrée du canal de Négrepont, et qui sont au nort et proche de *Petalium*, à present nommé *Spitilus*, et par conséquent ne peuvent pas estre le siège de l'évesché. Voicy

(1) *Thucydide*, II, 15.

comme en parle le Portolano italien : « Le Cavalline isole sono
« tre largo della terra mig. 3. et dalla isola de Negroponte
« mi. 3. » Dans l'Isolario de Benedetto Bordone on en veoit le
nom et la situation à l'entrée du canal de Négrepont ; on veoit
la mesme chose dans celuy de Bartolomeo, et partant cette
conjecture que c'est Αὐλών ne paroist pas asseurée.

« J'aurois encore d'autres choses à vous proposer, mais je
m'estendrois au delà des bornes d'une lettre et je craindrois de
vous estre importun. Si le commerce vous est agréable, quand
j'en serai asseuré de votre part, j'aurai plus de hardiesse et plus
de liberté à vous entretenir, cependant je vous prie de croire
que personne n'est plus que moy, Monsieur, votre très humble
et très obéissant serviteur.

« DE TOUROUDE. »

[*P. S.*] « Si vous voulez vous donner la peine de m'écrire,
addressez vos lettres à Paris, chés Monsieur l'abbé Huet (1),
sous-précepteur de Monseigneur le Dauphin, rüe Neuve des
Petis-Chams, pour me faire tenir à Caën. »

« (*Adresse :*) A Monsieur Monsieur Spon, docteur en méde-
cine ; on saura son addresse chez le sieur Thomas Amaury,
libraire, rue Mercière, à Lyon (2). »

H. OMONT.

(1) L'écriture de cette lettre de Touroude offre de nombreuses ressemblances
avec la petite et si élégante écriture de Huet.
(2) Bibliothèque de Lyon, ms. O. 1688, lettre 173.

www.ingramcontent.com/pod-product-compliance
Lightning Source LLC
Chambersburg PA
CBHW060915050426
42453CB00010B/1747